经典悦读
系列丛书典藏版
经典新时代　悦读新思想

解放的图景

——马克思《论犹太人问题》如是读

陈培永◎著

SPM
南方出版传媒
广东人民出版社
·广州·

图书在版编目（CIP）数据

解放的图景：马克思《论犹太人问题》如是读 / 陈培永著. —广州：广东人民出版社，2016.6（2022.4 重印）
（经典悦读系列丛书）
ISBN 978-7-218-11187-2

Ⅰ. ①解… Ⅱ. ①陈… Ⅲ. ①《论犹太人问题》—马克思著作研究 Ⅳ. ①A811.22

中国版本图书馆 CIP 数据核字（2016）第 091379 号

JIEFANG DE TUJING——MAKESI《LUN YOUTAIREN WENTI》RUSHIDU
解放的图景——马克思《论犹太人问题》如是读
陈培永 著

出 版 人： 肖风华

责任编辑： 曾玉寒 廖智聪
装帧设计： 揽月塘艺术工作室
插画绘图： 李新慧
责任技编： 吴彦斌 周星奎

出版发行： 广东人民出版社
地 址： 广州市越秀区大沙头四马路 10 号（邮政编码：510102）
电 话：（020）85716809（总编室）
传 真：（020）85716872
网 址： http://www.gdpph.com
印 刷： 广东鹏腾宇文化创新有限公司
开 本： 787 毫米×1092 毫米 1/32
印 张： 2.875 **字 数：** 68 千
版 次： 2016 年 6 月第 1 版
印 次： 2022 年 4 月第 4 次印刷
定 价： 18.00 元

目　录

导言　还记得解放吗?

还记得解放吗?

或许，应该反过来问，谁能忘掉解放呢?

多么神圣的字眼！多么厚重的话语！多么励志的词汇！

它是中国近代以来当之无愧的关键词，是几代人矢志不移追求的宏图大业。正是解放事业，点燃了时代的激情，激发了人们的斗志，推动了社会的变革，改变了历史的航向。

如今，解放的话语早已“飞入寻常百姓家”。我们会说，你的思想，该解放了！累了好几天，终于解放了！辞去了心烦的工作，终于解放了！孩子养大了，终于解放了……

解放不再是历史的宏大叙事，成了平日的生活用语。解放从“高大上”走向了“接地气”。这对解放是好事，也是坏事。好事是解放深入人心，坏事是

寻常的解放话语

解放的真谛正被人所遗忘，解放的政治意义正在消解。

在无意识地讲着生活化的、琐碎化的“解放”的同时，解放好像已经成为过去式，谁若郑重其事地讲解放，必然遭人围观，引来唏嘘一片。历史似乎已经淹没了解放的声音，平庸似乎已经让解放的话语成为笑谈。

现代人喜欢轻松，喜欢愉悦，喜欢没那么严肃。解放往往被理解为沉重的话题，总与压迫、剥削、革命、翻身关联在一起，没那么轻松愉悦，与时代不太协调。我们已经很少严肃地谈论解放，试问，我们还会为解放而热血沸腾吗？还会为解放而义愤填膺吗?

我们实际上一直在误解解放。如果解放就是革命，就是暴力，那么这种解放可以说终结了，它已经驻足于往昔的革命岁月中，尘封于已逝的历史记忆中。

问题是，这其实只是狭义的解放。我们根本没有真正地思考过解放，根本没搞清楚政治意义的解放，历史层面的解放，哲学高度的解放。结果是，我们甚至连什么是解放都没有搞清楚的时候，就急着将它送进了历史的博物馆。

不能忘却解放，越是在今天，我们越需要更冷静地沉思解放，我们越是要避免将它从严肃的话题转化为生活化的形式符号。当一切尘埃落定，我们才有足够的能力原原本本地把握解放的内涵，才有机会走进解放的真实视域。

到底什么是解放？追根溯源，马克思的《论犹太人问题》提供了答案，它是最系统阐述解放问题的文本，是理解解放问题的理论源泉。马克思讲清楚了到底什么是解放，到底什么是“政治解放”，什么是“人的解放”？政治解放的进步与缺陷在哪里？我们应该如何去追求更高层次的人的解放？

如果读懂了这个文本，我们就会看到一副人类社会解放的图景，就会明白它对当代世界政治哲学和政治实践的价值，就会知道我们还有很多的事情需要努力去做！

☞经典地位

出生在犹太家庭的马克思一生对犹太人问题保持着密切关注。据有人统计，马克思在其著作中有

774 次提及“犹太人”，120 次提及“犹太人问题”，127 次提及“犹太教”。发表在 1844 年《德法年鉴》上的《论犹太人问题》，是马克思唯一一篇专门探讨犹太人问题的文章。这篇文章的主旨也不仅限于此，它有更丰富的内容，有更重要的意义，它与《〈黑格尔法哲学批判〉导言》一起，被列宁认为标志着马克思从唯心主义向唯物主义、从革命民主主义向共产主义转变的“彻底完成”。

《论犹太人问题》可以说是马克思全部政治哲学思想的纲领性文献，是马克思最系统分析犹太人问题、最明确表达宗教观、最集中有力批判自由主义、最精炼总结解放问题的文献。其中关于政治解放和人的解放的区分，关于政治国家与市民社会的断裂，关于公民（公人）与私人问题的对立，关于自由、人权、平等、安全等范畴的剖析等等，可以让我们更好地看清楚自由主义理论与实践的问题，更好地审视当代世界各国共同遭遇的现实政治困境，更有预见性地思考未来社会发展的道路。

一、解放问题的辨识

只是探讨谁应当是解放者、谁应当得到解放，这无论如何是不够的。批判还应当做到第三点。它必须提出问题：这里指的是哪一类解放？人们所要求的解放的本质要有哪些条件？

1

马克思所谈的“犹太人问题”，究竟是个什么问题？

不经过大脑的回答：是犹太人如何获得解放的问题。

审慎思考后的回答：是所有现代人如何获得解放的问题。

马克思对解放问题的分析，以犹太人为具体实例，但绝不仅限于犹太人。如果你认为马克思只是针对当时的犹太人，那就大错特错了。

同样是谈犹太人问题，马克思的高见足可以秒杀众多思想家。读懂马克思，我们就能明白他的解放理论与我们的生活是多么惊人的相关。

我们先从犹太人开始讲起。

犹太民族是一个神奇的民族。犹太人富有智慧，出产了很多伟大的科学家、哲学家、思想家，爱因斯坦，弗洛伊德，包括马克思等如雷贯耳之人众多。更令人艳羡的是，犹太人还很能赚钱，以其超强的经济头脑著称于世，出产了亿万巨富洛克菲勒、华尔街超级富豪摩根、金融大鳄索罗斯、股神巴菲特等众多商业奇才。

犹太民族又是一个悲催的民族。二战期间纳粹对犹太人的种族屠杀，无疑是这个民族经历的最悲催的事件。电影《钢琴师》中有一个场景让人久不能忘，一火车又一火车的波兰犹太人被拉到一个地方集中屠杀，很多犹太人不相信火车是把他们送进坟墓，还拼命地挤上火车。

到现在我都不能理解，希特勒要有多深的仇、多大的恨，才会对犹太人如此深恶痛绝，以至于要将其灭种。其实，这只是欧洲历史上反犹主义情绪的总爆发，只是犹太人悲剧的集中展现，在历史的长河中，还有若干的悲剧没能呈现出来。

犹太人的悲剧最早始于公元70年，在耶路撒冷的第二圣殿被罗马大军摧毁后，犹太人就开始了流亡的历程，自此一直过着没有国家、没有根基的游牧式散居生活。在漫长的历史进程中，犹太人在很多国家没有公民权等政治权利，从事经济活动受到明确限制，在宗教信仰上又因信奉犹太教而受到基督教国家的排斥，饱受歧视和污蔑，甚至被看成是自私的、邪恶的、卑劣的种族。

有国外学者曾如此形容犹太人：对于活着的人，犹太人是死去的人；对于当地人，他们是异己和流浪者；对于有产者，他们是乞丐；对于穷人，他们是剥削者和百万富翁；对于爱国者，他们是没有祖国的人；对于社会上各阶层的人，他们是令人憎恶的竞争对手。

18世纪70年代，欧洲社会出现反对犹太人的偏激态度。虽然1791年法国废除了法律条文中对犹太人的限制，给予犹太人公民权，但好景不长，随着

1815 年拿破仑惨败滑铁卢，欧洲大部分国家又重新剥夺了犹太人的公民权，犹太人的解放、民主、自由等问题甚至受到严加批判。

1830 年后，犹太人争取公民权的斗争再度兴起，要求取消排斥犹太人的不平等法规的呼声出现，一些哲学家、思想家纷纷出来发表自己的见解。德国哲学家布鲁诺·鲍威尔于 1843 年发表了《犹太人问题》和《现代犹太人和基督徒获得自由的能力》两篇文章，受到马克思的密切关注，《论犹太人问题》就是他读完这两篇文章后完成的作品。

没有鲍威尔的“犹太人问题”，就没有马克思的“论犹太人问题”。没有对鲍威尔思想的透视分析，就没有马克思的精髓思想。伟大的思想家总能够站在巨人的肩膀上言说，总能够找到巨人的短板，又弥补这些短板，让自己成为比巨人更伟大的巨人。

2

解放理论无怪乎涉及三个问题，第一个问题是谁是被解放者，即应当得到解放、需要被解放的人，第二个问题是谁是解放者，即能让别人解放的人

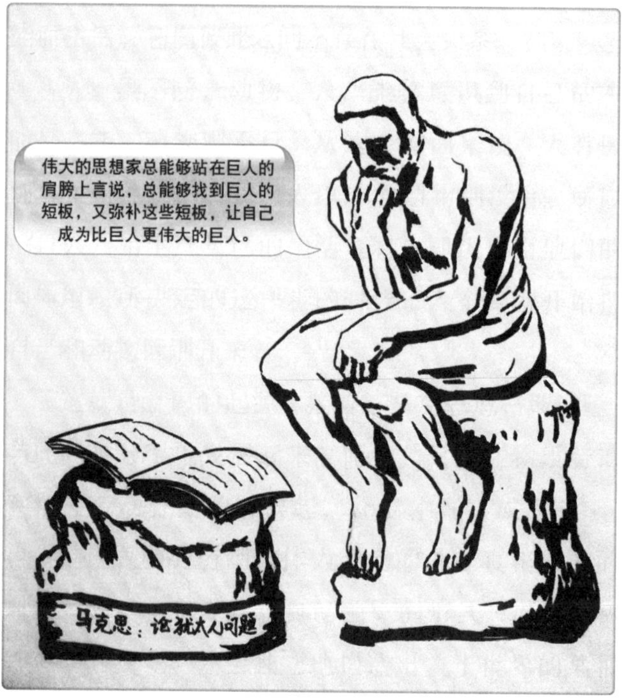
伟大的思想家总能够站在巨人的肩膀上言说，总能够找到巨人的短板，又弥补这些短板，让自己成为比巨人更伟大的巨人。
马克思：论犹太人问题

思想者的阅读

(或力量)，第三个问题是解放是哪一类的、哪种性质的解放，它的本质是什么?

马克思指出的看似简单的三个问题，其实并不简单，因为有时候你恰恰会搞不清楚谁真正需要获得解放，谁能承担解放者的使命，人们到底需要什么样的解放?

要想成为让人佩服的大思想家，就要有深厚的洞察力，能够看到别人所看不到的内容，能够透过问题的表面达致内里的实质。

鲍威尔看到的是：被解放者或需要获得解放的人就是德国的犹太人，能够解放他们的力量就是国家，犹太人所需要的解放就是获得公民权，成为与基督徒平等享有政治权利的公民，就是“政治解放”。

解放问题在鲍威尔这里简单明了，问题只在于犹太人能否获得这种政治解放?他的结论是，只要还生活在基督教占统治地位的国家，只要国家还不是真正意义上的国家，犹太人就不会获得解放，犹太人的问题就解决不了。鲍威尔的论证如下：

原因之一，德国把基督教作为国教，犹太人信奉的犹太教与作为国教的基督教是对立的，他们想从基督教国家解放，说到底只能要求基督教国家放弃宗教偏见，这是不可能的，犹太人都不放弃自己的宗教偏见，他们怎么有资格让国家放弃基督教呢？

原因之二，基督教国家尊重特权，强调等级，如果犹太人要求和基督徒享有平等权利，实际上就承认了基督教国家的无可非议、基督教国家特权等级的合法化。包括基督徒在内的人都没有被真正作为公民看待，都没有获得政治解放，都没有自由，犹太人怎么可能获得解放呢？

原因之三，犹太教孕育着民族狭隘性，持一种高傲的态度，把自己的民族看成是神挑选的民族，犹太人把国家看成异己的东西，本身仇恨国家，认为现实的法律和国家对立于他们的民族、法律，却又要求基督教国家赋予他们公民权，这怎么可能？

马克思连用三个反问总结了鲍威尔的观点：你们犹太人有什么理由渴望解放呢？为了你们的宗教？你们的宗教是国教的死敌。因为你们是公民？德国根本没有公民。因为你们是人？正像你们诉求的对象不是人一样。

犹太人问题要想解决，注定是路漫漫其修远兮。

但总得有解决的方案，鲍威尔给出的方案就是摆脱宗教桎梏，不仅国家废除宗教，成为真正意义上的国家，成为尊重公民权的国家，而且犹太人和基督徒作为个体也别信宗教，共同作为公民得到解放。

一句话，国家放弃宗教，所有人都不信仰宗教，因不信宗教而得解放。

3

看到鲍威尔如此论证犹太人问题，马克思既表示了认同也表示了不满。

马克思认同的是鲍威尔对犹太人的宗教进行了批判，分析了犹太教和基督教的对立，揭穿了基督教国家的本质。鲍威尔的论证大胆、尖锐、机智、透彻，而且文笔贴切、洗练和雄健有力，值得肯定。

令马克思不满的是，鲍威尔只把犹太人问题看作为纯粹的宗教问题，看作为不同宗教对立的问题，认定解决问题的方法是消除宗教对立，废除宗教，这无疑暴露了理论上的天真。

鲍威尔的天真之处还在于，他认为基督徒只要跨越一个台阶，跨越自己的宗教，就可以完全废除宗教，所以他们更有希望、更有能力获得解放。而犹太人则不仅要摒弃现在的犹太教，还要摒弃未来逐渐发展完善的犹太教，他们必须跨越一个台阶再跨越一个台阶，才能获得解放。

也就是说，宗教也有三六九等，犹太教比起基督教是落后的，还要进一步发展才能达到基督教的水准。我们说，门缝里看人，把人看扁了，鲍威尔就是这样看犹太教的，也是这样看犹太人的。

哪一种宗教更高级，哪一种宗教的信徒更有能力获得解放？这注定是神学上的疑虑问题，根本没办法做出判断。就像我们也不能说佛教和道教哪个更高级，礼佛之人与入道之人哪个境界更高一样！

如何废除宗教？鲍威尔的回答是从科学的角度解释宗教，看到犹太教和基督教只是人的精神发展的不同阶段，是历史撕去的不同的蛇皮，而人本身才是蜕皮的蛇。必须看到人，把犹太人和基督徒的关系看成批判的、科学的、人的关系。这样，宗教的对立就会在科学中得到消除。

鲍威尔所说的“科学”，显然不是我们常说的“科学”，他的“科学”实际上是不同于神学的

“人”学，他是想用一种关于抽象的人的学说来代替神学，因为对他而言，“科学”就是“启蒙、批判及其结果——自由的人性”。

还是要有所信奉，只是不再信奉犹太教和基督教，而是信奉解体了的宗教，信奉启蒙，信奉自由的人性。鲍威尔在抛弃两种宗教后，实际上又试图推出另一种宗教形式，这种教可以称为“启蒙教”或者“人性教”。

这是对问题的“神学提法”，鲍威尔把解放的问题变成了信奉什么的问题，变成哲学兼神学的行动问题。这种启蒙的话语，和神学所想象的天国，这种绝对自由的人，和神学所塑造的万能的神，又有多少差别？鲍威尔推出的这套美丽话语，又怎么可能比得了基督教所描绘的理想的天国呢？

而且，只是在政治上宣布废除宗教，宗教就能废除得了吗？只是说，不要信奉宗教了，要相信科学，相信人的精神，我们就能消灭宗教吗？宗教是可以喊一下启蒙的胜利、自由的人性就能消亡得了的吗？

人性、自由、平等、博爱，谁都可以呼吁，它们是美好的，问题在于喊来喊去，不从现实中考虑问题，最终口号只能是口号，结果只能是没结果。

政治上经常出现的幼稚，就是沉浸于理想化、激进化的口号而罔顾不尽如人意的现实，最后只能在美丽的想象中与现实渐渐拉开距离，难成其事。

犹太人的解放问题不是纯粹的宗教问题，不是通过批判、否定宗教来解决的。鲍威尔在神学的想象中，忘了现实生活，在没有看到现实问题的情况下就想当然地下了定论。

鲍威尔只看到基督教国家的犹太人，把当时德国的犹太人问题当成所有国家的犹太人问题，当作不以德国状况为转移的、具有普遍意义的问题。他只看到宗教领域的犹太人，没有看到世俗生活中的犹太人。他只看到当时的犹太人，而没有预见性地看到未来犹太人的问题。鲍威尔缺乏的是国际视野、历史思维、现实眼光。

马克思要对鲍威尔说的是，你都没看清楚问题，就开始妄加议论。就像没看出病症，就在那儿乱开药方。你必须看到问题的本质，不要被表面所疑惑。

发现表面的问题容易，找到真正的问题难，有时候，它远比解决问题要难。

4

突破对犹太人问题的神学提法，发现真正的问题之所在，必须要有世界眼光和国际视野。

马克思看到，在当时，犹太人问题在不同的国家表现出不同的问题。在奉行基督教的德国，犹太人问题当然是纯粹神学的问题，需要努力的方向是进行神学批判，推动国家摆脱基督教，国民获得公民权。

但在欧洲其他国家尤其是实行共和制的美国，国家早已经摆脱宗教，犹太人已经获得公民权，但宗教还是没被消灭，依然富有生命力的存在，每个人不会因信仰犹太教而受到不公平对待，犹太人问题因此早已不是神学的问题。

这说明，消灭宗教不是政治解放的必然前提。不消灭宗教，犹太人也会获得公民权，国民也会获得政治解放。

立足于一域不可能看到全球，况且当时的德国在世界政治发展进程中是落后的国家，从德国这里去看犹太人问题，停留在宗教批判中，停留在对没有完成的国家的批判中，不可能站在世界历史的前沿，不可能触及到“当代的普遍问题”。

历史的趋势是所有的国家都将获得政治解放，进入到政治解放后的阶段，还把批判的矛盾对准已经不代表前进方向的即将腐朽的事物，怎么能够抓住问题之所在？

要把犹太人问题看成“当代的普遍问题”，就必须将批判对准已经完成政治解放的国家，回答政治国家形成后，人们获得公民权后，为什么还存在解放的问题，人们现在需要哪一类的解放的问题？

要回答这些问题，就要回到现实的世俗领域，考察世俗的犹太人，考察日常生活中的犹太人。不是到犹太人的宗教中去寻找犹太人问题的秘密，而是到现实的犹太人那里去寻找他的宗教的秘密。

马克思的发现是，犹太人在现实中表现出来的是“犹太精神”，是唯利是图、追逐金钱的思想和习气。犹太教的世俗基础是实际需要、自私自利，犹太人的世俗礼拜是经商牟利，他们的世俗的神是金钱。这才是现实的犹太人的真正本质。

这种“犹太精神”与基督教并不冲突，甚至可以说两者实际上是合谋的。基督教追求天堂幸福的利己主义，在现实中完美表现为“犹太精神”。“犹太精神”在西方世界因此有深厚的文化土壤，它有机会完成对基督教世界的实际统治，成为基督教国家人民的实际精神。

历史的真相正是，现代社会不断产生“犹太人”，基督徒在这层意义上都成了犹太人。犹太人的实际精神已经扩展到所有现代人身上。西方人只是在宗教领域中还保留着基督教的精神，在现实中已经是犹太精神的傀儡。

有人说马克思留下了一个谜，谁都没办法猜出马克思对犹太人持何种态度？无情批判？深感同情？哀其不幸、怒其不争？实际上，马克思在讲犹太人问题的时候，绝对不仅仅只是在说犹太人，他的矛头一直都是生活在资本主义世界的现代文明人。

马克思想要说的是，不要去鄙视犹太人，你应该从犹太人身上看到自己的影子。你自己明明已经成为赚钱的机器，却还要去说人家犹太人。

我们今天为什么要关注犹太人问题，因为我们所生活的时代正是马克思定位的政治解放后的时代，他说明了我们这个时代人的生存状况，我们很不幸地成为“犹太人”。

不要鄙视犹太人

5

如果马克思还活着，他会说，犹太精神现在已经达到自己的顶点。犹太人的“神”已经完全世俗化了，它成了世界的“神”。

现代社会问题的实质就在这里，金钱完成了对世界的实际统治，人们以为掌控了金钱，实际上金钱主宰了世界。人越认为金钱重要，越把金钱当成神，就越受到金钱的统治。马克思的话很有穿透力：

金钱贬低了人所崇奉的一切神，并把一切神都变成商品。金钱是一切事物的普遍的、独立自在的价值。因此它剥夺了整个世界——人的世界和自然界——固有的价值。金钱是人的劳动和人的存在的同人相异化的本质，这种异己的本质统治了人，而人则向它顶礼膜拜。

在金钱面前，一切神都要退位。神并未消失，它化身为金钱。本来，金钱只是人所创造出来的用于商品交换的媒介，现在却摆脱了人本身，成为衡量一切的手段，拥有了购买一切东西的力量，成为人所顶礼膜拜的东西。

很多人信奉的宗教实际上已经成了摆设，他们信奉的只是世俗中的、现实中的神，是金钱。马克思看到，宣讲福音本身，基督教的教职都变成了商品，破产的商人讲起了福音，富起来的福音传教士都做起了买卖。

与历史惊人相似，今天的宗教信仰，一定程度上也受金钱利益的支配。个别地方有“想致富先修庙”的主意，提出要引进寺庙和住持来发展旅游业。很多人的宗教信仰，其实就是砸钱的活动，一些人到各处寺庙乱扔钱，好像扔的钱越多，佛祖就会保佑的越多。这些人所信的到底是寺庙里的神，还是自己手里的金钱?

犹太人问题的最终解决，就是要消除犹太精神的自私自利、唯利是图，而这绝不仅仅是犹太人要消除的，它还是所有现代人要消除的问题。所以，马克思说，犹太人的社会解放，就是社会从犹太精神中解放出来。

犹太人问题，作为当代世界的普遍问题，因此就是现代人如何摆脱自私自利、唯利是图的问题。这个问题早已经不是“政治解放”的问题，而变成“人的解放”的问题。

犹太人问题不是政治解放的问题，而是人的解放的问题，不是犹太人自身解放的问题，而是所有现代人解放的问题。认识不到这一点，就看不到问题的实质。

马克思是写给现代人的，他在批判反思政治解放得失的基础上，力图将人类社会引领到更为美好的时代。从他的理论这里，我们要看到人类解放的两个阶段，一个是政治解放，一个是人的解放。

我们要完成政治解放但又不沉浸在这个阶段中，要看到它的问题和困境，思考通往人的解放的路径。这样做，才是对马克思解放事业的继承和发展。

看问题，视野很重要，角度很重要，你不得不佩服马克思，他能从犹太人问题，看到现代社会的普遍问题，甚至预见到整个人类社会的未来解放。

二、政治解放的使命

解放当然是一大进步；尽管它不是普遍的人的解放的最后形式，但在迄今为止的世界制度内，它是人的解放的最后形式。不言而喻，我们这里指的是现实的、实际的解放。

1

政治解放首先表现为政治国家自身的解放。

问题是，国家也要解放吗？它从哪获得解放？

当然需要。如果一个国家沦为殖民地，没有主权，没有独立性和自主性，这样的国家就是没有解放的国家，就是需要从宗主国获得解放的国家。

马克思讲得还不是这种情况。他所说的没有获得解放的国家，是指国家通过宗教获得合法性，受某种宗教支配和限制，所有国民被强迫信奉这种宗教。

比如，当时作为基督教国家的德国，把基督教当作自己的基础，依附于基督教，实际上没有成为具有独立属性的国家。

基督教国家其实就是“非国家”“不完善的国家”，它依靠神秘性和神圣化来运作，基督教作为它的不完善性的补充。它不是以基督教来肯定国家，而是通过基督教来否定国家，它因此侮辱了国家。

基督教国家也不是以国家形式信奉或实现基督教，就形式而言，这种国家给予宗教崇高地位，实际上宗教对统治者来说只是手段，宗教只是为特权做铺垫，因此这种国家也侮辱了宗教。

马克思说，应该用圣经的字句来反驳把基督教奉为自己的最高规范、把圣经奉为自己的宪章的国家，因为圣经的每个字都是神圣的。

基督教国家推崇圣经，援引它的字句作为不可侵犯的法则，事实上则把其当作可以随意解读的工具，这本身是对圣经的侵犯。企图依靠圣经获得合法性的国家是站不住脚的。

国家只有不再把任何宗教定为国教，不信奉任何宗教，而是信奉作为国家的自身，它才能从宗教中解放出来，进入到现代国家的行列，成为真正意义上的国家。政治解放就是要摆脱政教合一，摆脱政治和神学的结盟。国家不再以君权神授、奉天承运等口号来维系统治，不再通过造神运动、神秘化个人来获得合法性。

反过来说，如果一个国家还以神秘化的方式，搞盲目的个人崇拜，这个国家就没有获得政治解放，或者说就是政治解放不彻底的国家。

在政治解放阶段，国家从宗教中解放出来，并不是意味着宗教就消失了。人还可以保持宗教笃诚，但不是国家层面的宗教笃诚。政治解放不以消灭任何一种宗教为条件，它只是不让任何一种宗教享有国教的待遇。国家不理会自己成员信奉的宗教，无论是犹太教徒、基督徒，还是其他的一般信徒，不会因为信哪种教而地位不平等。

宗教信仰只是不再具有共同性的本质，而成了私人的事务、任意的行为。人们拥有宗教信仰的自由，可以信，可以不信，可以信这个，可以信那个，可以现在信，可以以后信，没人逼你去信或不信。这是政治解放阶段的表征。

也就是说，不是一谈解放，就必须消灭宗教，只有消灭宗教，才能谈解放的问题。有宗教存在，人也可以获得解放，获得政治解放。对于那些天真地认为马克思主义就是不分青红皂白要消灭宗教的人来说，说明这一点非常重要。

☞当代回响

党员为什么不能有宗教信仰自由？

朋友圈的朋友给我发过一篇小文章，题目把我吓了一跳：一个903人家族，310位流氓，190位妓女，60位小偷，7位杀人犯……

明明知道这是“标题党”，我还是忍不住打开看到底讲什么事？文中讲到两个人，一个是信仰基督教的爱德华兹，一个是无神论的马克·尤克斯，后者曾对前者说：你信的那位耶稣，我永远不会信。

有人统计了200年后两个家族的情况：爱德华兹家族人口数1394人，其中有100位大学教授，14位校长，70位律师，30位法官，60位医生，60位作家，300位牧师、神学家，3位议员，1位副总统。马克·尤克斯家族的情况就是标题上所显示的。

两个家族形成鲜明的对比，为什么会如此？文章的结论是，是因为爱德华兹家族获得了信仰的力量。他和他的后代种下了两颗重要的种子，一颗是向善和爱的种子，一颗是敬畏的种子。而马克·尤克斯家族的教育里面缺少了这两颗种子。

估计有些人对这个结论是认同的，他们已经不去辨识如此奇怪的对比的真实用意，他们已经很难分辨出这个故事背后的价值观问题，甚至根本不去怀疑故事的真实性。

在信仰缺失的社会状况下，有些人总会感叹中国人要有信仰，而谈到信仰时，他们又会想到宗教，得出“宗教是个好东西”的结论。

殊不知，在渴望信仰的力量的时候，我们正在走向另一种偏执，那就是信仰就是宗教信仰，宗教信仰就是好的信仰，有宗教信仰，就会得到好报，就会有好的结果，没有宗教信仰，就会道德败坏，就会没有好的结果。

这种逻辑显然是错的，但就是有些人坚持从这个逻辑出发思考问题。

这种想法大有扩展之势，并在悄然冲击一些原有的普遍认同的观点。本来，共产党员不能信仰宗教，应该坚持无神论，无可非议，现在“共产党员也应该有宗教信仰自由”的声音却开始出现。论证这个观点的理由，值得分析驳斥。

理由之一，一些国家的共产党比如越南共产党、古巴共产党、俄罗斯共产党允许党员信教，运转得也很好，中国共产党也应该开禁，允许党员既有政治信仰，也可以有宗教信仰。

每个国家的政党面对的是不同的国情、党情，不能因为别人怎么做，我们就应该怎么做，也不能认为别人做了好，自己跟着做也就会有好的结果。如同每个人都是走自己的路，吃自己的饭一样，中国共产党是否信教也要根据中国的国情、党情来定。况且，一个政党的成员既有政治信仰，又有宗教信仰，就自然既接受到党组织的领导，又接受宗教组织的领导，这样的政党别说团结了，恐怕早就分崩离析了。

理由之二，宪法保障公民宗教信仰自由，共产党员也是公民，是公民，就应该有宗教信仰的自由。

共产党员是公民没错，但一旦是共产党员，它就在公民之上又加了一个要求，那就是按照党章来。

家有家法，党有党规，是党员，就得遵守党规党纪。党作为执政党，实行的政策是宗教信仰自由，但不允许共产党员信教。公民选择入党，也就是按照宗教信仰自由的政策，选择了不信教。如果你想信宗教，可以，你不加入共产党。这是符合宗教信仰自由的本意的。

理由之三，只有信仰宗教的人执政，才会真正实行宗教信仰自由。中国共产党自己都不信宗教，怎么能够实行真正的宗教信仰自由政策？

这种说法不符合历史事实，历史早已明证，一旦执政者信仰某种宗教，更可能会将其他宗教斥之为异教，导致政治上的宗教歧视，甚至是疯狂杀戮。马克思主义之所以反对宗教对政治的干涉和插足，看到的正是宗教和政治的结合，往往带来的不是信仰自由，而是政治偏执。一个执政党允许党员信教，实际上也给宗教进入政治提供了正当渠道，结果一定是回到政治的神秘化。

理由之四，一些党员干部贪污腐败，道德败坏，原因就是没有宗教信仰，没有敬畏之心，信教可以让共产党员有所畏惧，提升共产党员的道德素养。

现有的材料表明，一些贪污腐败、道德败坏的党员干部，其实是信“教”的，他们“不信马列信鬼神”，他们信的目的很明确，就是为自己的恶行开脱，利用鬼神替其消灾避祸。让他们有宗教信仰自由，谁能保证他会去虔诚地去信宗教？他会有所谓的敬畏之心？他连现实的法律尊严都不畏惧，怎么会去畏惧某种看不见的神呢？

再说，党员干部道德问题突出的根源是中国人没有宗教信仰吗？如果是的话，就不能解释一个事实，那就是中国几千年来宗教文化影响一直较弱，也没有出现今天的道德败坏的状况，反而维系了长久的道德秩序。必须搞明白，问题的根本原因是市场经济状况下资本向权力的侵入，不能看不到真正的原因，把表面的现象当成原因。

中国共产党作为执政党，担负的任务是改变现实的经济社会状况推进中国社会的进步，他不能依赖某种虚幻的力量追求天国的幸福。

但中国共产党绝不否定宗教有其产生的根源，有其存在的价值，它贯彻宗教信仰自由的政策，它不通过行政力量来强迫信仰，这是遵循人类社会发展规律的表现。

作为个体的党员，如果认为信教可以让自己有了信仰，变得高尚，变得纯洁，他其实应该感到羞愧，他应该扪心自问，自己的纯洁，自己的高尚，一定要通过去信某种形式的宗教才能实现吗？

如果他认为宗教描绘的天国会来到人间，他也应该感到羞愧，他也应该扪心自问，为什么宁可去信天国的美好，也不信自己有能力并能推动人们去创造现实的美好？为什么宁可去信宗教描绘的蓝图，也不信共产主义的前景？

置党规党纪于不顾，置共产党人的信仰信念于不顾，却想着借助宗教信仰来使自己纯洁和先进，来让自己相信彼岸的人，应该低下羞愧的头，更应该及早反思！

2

国家打破了宗教的束缚，成为真正意义上的国家，成为人的国家，而不是神的国度。人们不再将美好的愿望寄托于宗教上，而是寄希望于自己的国家上。

国家是新的寄托，是人的自由的新中介，人们对宗教的幻想、幻梦和期冀转移到对政治国家上。国家代替了神，神不再被认为是万能的，不再被认为是可以让人获得自由的神圣力量。人们转而相信通过国家的力量，通过国家机构的合法合理设置，就能够实现自由。

政治的世俗化时代开始了！国家自己制定规则，通过民主方式、通过法治方式来治理。国家最重要的工具是法律，更多依靠法律的力量。政治领域的解放，是以突出法律规范、实施民主法治、确立法治信仰为特色的。

马克思要说的是，法律作为特定类型的规范体系，是现代性的产物，是伴随着资产阶级的政治革命、资本主义生产关系的确立而出现的现象。资产阶级革命要求打破政教合一的传统政治，要求确立理性在政治中的地位，要求人与人之间平等的市场主体地位，才最终确立了法律规范至关重要的地位。

也就是说，法律不是永恒的、超验的，不能把法律看成恒定不变的现象。即使看到法律在现代社会中确实扮演着重要作用，我们也不能得出结论，法律就是社会的伴随物。好像有了社会，就有了法律，只要有人类社会，那就必然会有法律。

当然，法律一旦确立，就成为人们坚信的最可依赖的力量。人们相信，法治是最正当、最有效、最值得信任的社会治理方式，通过法律的制定、调整和完善，人类社会就能走向自由解放、公平良善。有了法律的明文规定，就有了对自由等权利的保障，就找到了通往社会公平的光明大道。甚至毫不夸张地说，法律就代表着绝对的公平正义。法律的公平就是真正的公平，法治的社会就是公平的社会。

如果我们有这种想法，不好意思，你的想法正好被马克思不幸言中，只要处在政治解放阶段，这种想法再自然不过。

人们忘记了，法律不是社会中可以独立出来、不受其他因素制约的现象，它在社会的要素中并不处于基础性的地位。法律总有一定的经济基础，受社会的物质生活关系的决定，法律不是规定生产关系、社会关系的创造性力量，它不可能有如此重大的功用。

法律有可能会被某些人所利用，成为论证其统治合法性的工具，使其获得社会大量财富完全合乎情理。有时候，你只能心服口服，他有那么多钱，想怎么用就怎么用，哪怕是用来砸水坑，你可能看

法律的地位

不惯，觉得不公平，但它却可能是合法的，你还有什么话说？

但这一点渐渐被忽略。结果不是作为社会基础的法律，却被看作为社会的基础性力量，甚至是能拯救社会的万能力量。这可能是处于政治解放阶段的人最大的政治错觉。

3

政治解放后的国家，通过法律的明文规定，承认人的公民地位，保障人的各种政治权利。每个人作为公民在政治领域得到解放。

未经过政治解放的国家，起主导作用的是特权，是等级。少数统治者享有特权，所谓的人民都是作为臣民，没有自己的意志，隶属于他们的统治者，他们被认为天生就该服从特权，安于自己的等级，所谓君让臣死，臣不得不死！

这种特权和等级还被说成是天生注定的，改变不了的。如果你要恨受到剥削和压迫，你只能恨命运捉弄，让你生错了地方。你只能期待来生，生于皇家，成为皇二代，生于富人家，成为富二代。王侯将相，生下来就决定了，尽管可以矫情地说，可惜生在帝王家，但又有多少王子公主愿意变成一介布衣？

政治解放把人从等级制的桎梏中解放出来，特权不再是天经地义的。所有的人至少不会生而注定是奴隶。人，所有人，都是生而自由的，凭借自己的天赋和勤奋，都有成为社会精英的可能和机会。虽然你可能会因出身比其他人有天然劣势，但至少社会给你从底层上到顶层的机会，而不是一开始就宣布“此路不通”！

每一个人都被认为享有人权，只要是人，就无一例外地享有。而且这种人权是天赋的，生下来就有的，不能被任何人剥夺的。

这种人权包括两个部分，一部分是政治权利，即与别人共同行使的参与国家事务的权利，它主要指公民权以及与之相关的自由、平等等权利；一部分是与公民权不同的其他领域的、更为普遍的人权，比如财产权、人身权、名誉权、肖像权等等，马克思当然没有提及这些权利，他只是提到了信仰自由也属于这种权利。

这些权利神圣不可被侵犯，因为有法律、有国家作为后盾保障这些权利不可侵犯。如果有人侵犯了别人的权利，那就是侵犯了国家，亵渎了法律，就应该受到惩罚。

政治解放确立了每个人的公民、法人地位，它宣布不分出身、等级、文化程度、职业差别，每一个成员都是人民主权的平等享有者。

国家取消了选举权和被选举权的财产资格限制，以政治方式宣布了私有财产无效。用汉密尔顿的话来说就是，广大群众战胜了私有财产和金钱财富。国家不会考虑你有多少钱，就给你多少政治权力。你是平民，可以被选为总统，你是黑人，也可以被选为总统，你一文没有，也和腰缠万贯的人一样，都同样拥有同样的选举权和被选举权。在这方面，你完全可以得瑟！

这是政治解放催生的新景象，但请注意：人权以及自由、平等等权利只是在政治领域得以确立，只是在政治国家的公共场所可以确保。它不保证在政治领域之外的其他领域比如市民社会领域的自由、平等实现的情况。

问题就在这里，自由、平等只要还没在市民社会领域成为现实，政治国家领域的自由和平等就可能只是形式上的，不是实质上的。形式当然也重要，也是进步，但没有内容，没有实质，那就是形式主义。只要是形式主义的自由和平等，就值得批判！

4

政治解放还表现为市民社会从政治国家中分离出来，成为相对独立的领域。

未经过政治解放的国家，建立在旧的社会基础上，这种旧的社会就是我们所熟悉的“封建社会”。封建社会直接依附于国家，直接具有政治性质。

人们所有的活动都是政治的，生活的要素如财产、家庭、劳动方式，都以领主权、等级和行业公会的形式上升为国家生活的要素，人们的思想观念也是政治的，他们信奉什么都有统一的规定。

所谓家国天下，家就是国，国也是家。国有国法，家有家法，家法也有国法的效力，违反了家法，一样受到国法的惩罚。比如，君为臣纲，父为子纲，夫为妻纲，是一体的。

封建社会具有高度的封闭性、整合性。它不是独立的，本身作为国家政治秩序的一部分，被严格地操控着。它像铁桶一块，牢牢得将臣民控制住，以维系封建国家的统治秩序。

政治革命摧毁了一切等级、特权、同业公会、行帮，也消灭了旧的社会的政治性质，使市民社会有了清晰的存在。市民社会不同于封建社会，它是独立的社会概念，是现代意义上的社会概念。

市民社会的根本要素是个体，独立的、自由的个体。人不再直接是国家机器中的一个零件，是可以选择参与或不参与政治国家的个体，因为他的经济社会生活以及思想观念不再具有政治或国家特色，而成了个体的特殊的事情。

也就是说，独立的、自由的个体是历史生成的概念，是社会发展的产物，不能天然地去设想人本来就是独立的、自由的，不然的话，就是抽象的个体论。是人类社会的进步释放出独立的个体，不能看到现代社会的个体，就假想以前人也是独立个体，以后也是独立个体。

毕竟，独立的个体是有缺陷的，独立的个体构成的社会还不是完美的社会，如果认定它的必然性和抽象性，我们自己就放弃了人的改造的可能性，也就没办法想象建立在人与人和谐基础之上的美好社会的可能性。

独立的个体构成的市民社会，拥有不同于政治国家的内容，它是人的生活的物质要素和精神要素的总和。它的出现，使人的社会出现了不同的领域，即政治领域以及经济领域、社会领域、思想领域等其他领域。

市民社会独立于政治国家，有着不同的运行原则与运行机制。政治国家要求共同体利益至上，市民社会则以个人利益为尊。政治国家要求社会成员必须遵守法律道德规范，市民社会则给人足够多的自由空间。政治国家通过国家机构来运作，市民社会则通过商品经济活动，通过社会舆论，通过传言、网络、微信等方式运行。

市民社会让政治国家有所为有所不为，而不是为所欲为。政治国家再也不能完全将触角伸向市民社会，不再把个人的一切思想和行动都看作是应该控制的。它承认人的思想观念的多样化多元化，承认个人在公开场合之外的隐私。个体自由了，不仅国家保证他的公民权，而且他还具有了独立、自由

每个人都可以在遵守政治国家秩序的同时，
在市民社会拥有广阔的空间，
他可以不受国家权力的制约，
心情享受自己的财富带来的愉悦。
唱K
高尔夫
健身
休息
的一天

公民的一天

的领域，那就是经济领域、社会领域、思想领域等等。

人们在市民社会中，过着现实的物质性的生活，过着自己的“小日子”，他把国家看作公共事务的代表，根据自己的抱负选择是否投身于其中。每个人都可以在遵守政治国家秩序的同时，在市民社会拥有广阔的自由空间，他可以不受国家权力的制约，尽情享受自己的财富带来的愉悦，当然，如果有财富的话。

5

该怎么评价政治解放？人类社会的解放事业已经发展得如此美好，应该到这里就完成了吧？

政治解放当然是一大进步，它让国家从宗教中解放出来，让人从特权和等级中解放出来，让人成为独立的个体，确立了人权、自由、平等不可撼动的地位。它是实实在在的解放，是人们能够感受到的解放，它完成了它的使命。

但政治解放还只是作为人的解放的一个阶段，它还不是彻头彻尾的、没有矛盾的人的解放。政治解放只是国家的完全解放，只是使国家摆脱限制，成为自由国家，但它并没有使人完全摆脱限制，成为自由人。人只是获得部分的解放，在政治领域的解放，而且还只是一部分人获得解放。只不过，相对于封建社会是土地贵族的解放一样，现在是金钱贵族的解放。

只是在政治领域获得解放，只是一部分人获得解放，就还不是人的解放。如果停留在这种政治解放，那就是政治的保守主义了，就是政治上的不思进取了。

自由主义就是在这里停止了，自由主义理论应该说是政治解放的理论集大成者，自由主义实践是政治解放最终完成的标志。自由主义只是完成了也只能要求政治解放，而它以为政治解放就是人的解放的完成。它以为在政治上确立民主和法治的地位，确保人的自由、人权，人类社会的政治发展就达到终结了。

马克思要与自由主义分道扬镳了。他要进行的事业，就是把人类社会从政治解放推进到人的解放。百尺竿头，再进一步。这一步就是人的解放，普遍的人的解放，人在所有领域的解放。

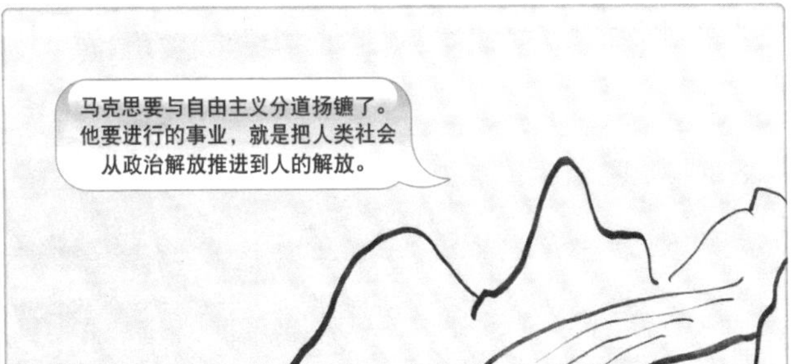

马克思与自由主义的分化

人的解放建立在对政治解放的局限性的思索上，建立在对现存的政治国家和市民社会批判的基础上，借助于马克思对政治解放本身的批判，我们可以看到自由主义理论的问题以及现代政治实践的困境，看到人的解放事业的前景。

三、人的解放的探求

只有当现实的个人把抽象的公民复归于自身，并且作为个人，在自己的经验生活、自己的个体劳动、自己的个体关系中间，成为类存在物的时候，只有当人认识到自身“固有的力量”是社会力量，并把这种力量组织起来因而不再把社会力量以政治力量的形式同自身分离的时候，只有到了那个时候，人的解放才能完成。

1

实现人的解放，要使人从宗教中完全解放出来。

在政治解放阶段，国家从宗教中解放出来，而人并没有完全从宗教中解放出来，人只是在政治领域从宗教中解放出来，并没有在一切领域从宗教中解放出来。

人们只是以抽象的、有限的、局部的方式超越了宗教的限制，还没有彻头彻尾地摆脱宗教对人的束缚，他们还在世俗生活中依靠宗教来聊以自慰、获得救赎、寻求自由。

宗教只是人们自己的思想观念的产物，是人的理想化的、神圣化的意识的投射，它本身不是现实性，不具真实性，它的存在表明人们还被非现实性的东西，被自己所创造的、所幻想的东西所束缚。

宗教的存在反应的是人在现实中的无力，它让人不去真实地面对现实，不去改变现实，却让人在悲情的现实中，幻想出完美的天国，然后放弃改变现实，通过内心的信仰去追求完美的天国。

很多时候，人越是在世俗生活中得不到满足，越面对激烈竞争的工作环境，越追求不到政治权力或经济财富，越无法改变生存的社会氛围，他就越可能从宗教中寻求慰藉，越可能在宗教中感到自由，感到境界，感到精神的力量。

很多时候，对宗教的信仰，会带来一些人对现实问题的回避。那些忙于拜佛，忙于打坐，忙于修行的人，会诉诸于内心而不去关注现实。其实，人们更需要推动国家追求现实生活的美好，提供自由精神的现实基础。

对一些人来说，宗教确实是一碗心灵鸡汤，它不断地喂养人的内心，让人在糟糕的外界环境下保持心灵的满足。殊不知，鸡汤喝得再多，对现实的处境也是于事无补，人们还是得面对不如意的现实。

人的解放与宗教信仰要达到的结果有一致之处，那就是实现人的内心的宁静、人的道德的提升、人的境界的升华。但不同的地方在于，它不像宗教信仰一样信奉的是不能改变这个世界，就适应这个世界，就站在这个悲惨世界的某个角落里自我提升；人的解放要求去改变现实的条件，去努力打造人的内心升华的外在环境，不让人在糟糕的社会状态下拼命挣扎地活着。

实现人的解放，人从宗教中完全解放出来，并不意味着继续进行宗教批判，努力的方向应该是打破滋生宗教的世俗根源。

宗教表明人类社会的缺陷，但宗教只是这种缺陷的表现，根源只能到世俗局限性中去寻找。宗教的问题只是外表，世俗社会的问题才是本质。有问

心灵鸡汤

题的不是宗教，而是宗教所赖以依存的政治国家和市民社会。

马克思的提议是：我们不把世俗问题化为神学问题。我们要把神学问题化为世俗问题。相当长的时期以来，人们一直用迷信来说明历史，而我们现在是用历史来说明迷信。

只去批判宗教形式，只去宣布废除宗教，是不管用的。只有解决了世俗限制，才能解除宗教的局限性。解决宗教的问题，不是从人为地宣称废除或者信仰某个宗教来解决的，而是要立足于解决经济政治社会的现实来解决的。人的解放，要消除产生宗教的世俗桎梏本身，消除现存的政治压迫和社会压迫。

人从宗教中解放出来，不去崇拜神，不受自己的思想意识观念所支配，这是人的解放的内容。但人的解放，必须通过政治国家批判，通过市民社会批判，通过解决现存的社会问题得到实现。

2

实现人的解放，要打破政治国家与市民社会的割裂。

政治解放使市民社会从政治国家中分离出来，也同时带来了两个领域的对立与割裂，给人类社会发展带来了新的难题。

政治国家推崇普遍利益、公共利益，提供共同体的和谐与融洽，尊重公民的权利与尊严。市民社会则是利己主义的领域，强调私人利益、个人主义至上，它实际上扯断了人的一切联系，使人的世界分解为原子式的个人的世界，夸张地说就是一切人反对一切人的战争状态。

人们陷入到代表普遍利益的政治国家和代表私人利益的市民社会的冲突之中。正像宗教中的天国与尘世的关系一样，政治国家给人美好的愿景，市民社会却又让人无情地面对现实，让人们感受到无情竞争和伤害。

我们有时候会在政治国家中感受到国家荣誉感，感受到集体的关怀，感受到公民的自豪感，但在现实社会中，我们又必须面对生活的艰辛，面对竞争带来的压力，面对某些人的“人不为己天诛地灭”。

令人尴尬的是，人们以为能够通过政治国家的力量改造市民社会，实际上政治国家却是以这种市民社会为前提和基础的。因为政治国家把市民社会的要素，即个人的需要、私人利益和私人权利等看作自己持续存在的基础，看作无需进一步论证的前提。

政治国家宣布出身、等级、文化制度、职业为非政治的差别，取消选举权和被选举权的财产资格限制，但实际上并没有废除这些差别，相反，它根本没有试图消除这些差别，还以这些差别、这些特殊性为前提，国家的设置建立在这些差别的基础之上，所追求的方向只是维系这些要素之间的平衡。

从政治上宣布私有财产无效，只是在政治形式上废除了私有财产，实际上政治国家并没有摆脱私有财产的控制，私有财产仍然起着决定性的作用，而且它已经深入人心。这注定了政治解放所宣称的平等只是形式上的，因为政治上给你平等，却是以经济社会中不平等为前提的。

政治国家改变不了市民社会的状态，正像宗教向往天国，但不得不承认尘世的局限性一样，政治国家也不得不承认市民社会，服从市民社会的统治。政治国家的解放没能带来市民社会问题的解决，市民社会的问题反倒使政治国家的解放沦落为形式上的而不是实质上的。

人的解放努力的方向应该是克服私有财产在市民社会领域的统治，消除人与人之间的为己的盲目竞争，使人们的生活成为社会的、没有矛盾的类生活，使市民社会的生活与政治国家的生活合二为一，使人的两个世界变成同一个世界，使两个世界的人拥有同一个梦想。

3

实现人的解放，要消解“公人”与“私人”的对立。

政治国家与市民社会的割裂把人变成了“两面人”，既是政治国家的公民，又是市民社会的成员。人都过着双重的生活，既过着“天国的生活”，又过着“尘世的生活”。在政治国家中，人是社会存在物，作为公民、作为“公人”、作为“法人”，人与人互帮无助、友好相处。在市民社会中，人是利己存在物，作为个体、作为私人，人把他人当成工具、自己也成为工具。

哪一种生活中的“人”更具有现实性，更具有真实性？

很遗憾，答案是市民社会的成员，过着利己生活的人。市民社会的利己的人被认为是正常不过的，是自然而然的，以至于现在几乎所有人都认同人都是自私自利的，所有国家制度设计都要承认人的这种自私自利。

现实的人只有以利己的个体形式出现才被承认，作为公民则被认为是远离现实的抽象。人作为社会存在物，作为公民、公人，对一些人来说，变成了一种美好的想象，一种不切实际的幻想。

人们错误地认为：人怎么可能会成为热爱公共事务、先他人之忧而又后他人之乐的人呢？人怎么会可能那么完美地过那种热爱共同体的生活呢？

就像我们说一切人都是公民，但每个人都作为商人、短工、土地占有者、活生生的个人而存在。所谓的公民，没有作为教师、作为医生、作为农民那么实在。你是一个公民，但那只是承认了你的政治身份，本身没有改变你还是一个打工仔的命运。

再怎么说人是享有主权的、最高的存在物，他也只是市民社会的成员，是要考虑自己现实利益的人。这种情况容易导致人有一副光鲜亮丽的皮囊，皮囊下面却是肮脏的内容。在政治领域、公开场所衣冠楚楚，谦谦君子，在经济领域、私人空间实际上则是卑鄙小人，一肚子坏水。

在市民社会中的人才是“真”人，在国家生活中的人则是一种“伪装者”。

对于市民社会的成员来说，国家的生活只是一种外观，是暂时的例外。他的日常生活是自私的，是为了自己的利益的，他只是偶尔过过国家的生活，一种高大上的生活。

本来是理想的生活，真正属于人的类生活变成不可能实现的，变成一种幻想。人们不再相信真正属于人的生活，反而相信人与之人之间的自私、竞争的生活才是真正的生活。这就是政治解放后的现实。

现代的人必须意识到人还不是现实的类存在物，他还是丧失了自身的人、外化了的人、受非人的关系和自然力控制的人。实现人的解放，需要让公人和私人的对立消解掉，让人们认同作为社会存在物才是人的本质，类生活才是真正的属于人的生活。

4

实现人的解放，要追求形式权利和实质权利的统一。

政治解放赋予了现代人公民权，把保障人权确立为现代政治必须遵循的基本原则。人权以及自由、平等，每一个词都是听起来让人心动的东西，我们从来不质疑它的正当性，也从来不敢否定它的合理性，但马克思告诉我们的是，不要被人权的外衣所迷惑，要看到自由权、平等权、安全权的实质。

每个人都是自由的人，自由是什么？自由就是可以做和可以从事任何不损害他人的事情的权利。这可能是我们最熟悉不过的表述，这种自由已经深入到每个人的思想观念中，有什么问题吗？

有问题。这种自由是作为孤立的、自我封闭的单子的自由，是分割的、狭隘的、局限于自身的个人的权利。而所谓的平等只不过是作为孤立自在的单子的每个人拥有的自由的平等。它不是建立在人与人相结合的基础上，而是建立在人与人相分割的基础上，它使每个人不是把他人看做自己自由的实

自由就是可以做和可以从事任何不损害他人的事情的权利。——这种自由是作为孤立的、自我封闭的单子的自由，是分割的、狭隘的、局限于自身的个人的权利。

孤立的自由

现，而是看做自己自由的限制。

人权无非也是利己的人的权利、同其他人以及共同体分离开来的人的权利。这种人权的设定是国家和法律对市民社会无奈的表现，是对市民社会孤立个体、利己个体的认同而不是改造。

人生活在市民社会中，只是作为利己的人，有自己私人利益的人，为获取私有财产而不惜一切代价的人，这决定了人能够获得的自由注定会沦为私有财产的自由，就是不受社会影响任意地享用和处理自己财产的权利。政治国家实际上保证的人权实际上只是这种私有财产的权利，以及拥有私有财产的人的权利。

谁有财产，他才是人，谁有的财产越多，他才享有更多的人权。你没有财产，你连人都不是，怎么可能会给你人权？正如有些人，倾其一生也不一定能学会如何做人、做个好人，有些人倾其一生也不一定能够获得拥有财产的权利，获得人权。

现实的悖论是，法律可能没有给你很多的政治权利，但你可能享有实际很多的政治权利。但反过来说，法律可能给你很多的政治权利，但你不一定就能够享有这些权利。政治上确认的权利只是形式上的，而不是实质意义上的，因为市民社会的基础已经决定了政治权利的形式性，不去改变市民社会，就没办法实现实质上的权利。

人权、自由权的形式性，还表现为它有可能沦为维持国家统治的工具和手段。关于人权、自由权的理论和实践有可能是断裂的，理论上认为，个人权利是基本，政治生活只是人权、自由权的保证，但在实践上，自由这一人权一旦同政治国家发生冲突，就不再是权利。比如安全被宣布为人权，侵犯通信秘密公然成为常事，新闻出版自由作为个人自由的结果得到保证，另一方面却被完全取缔。

喊人权、自由、平等没有问题，有问题的是，人权、自由、平等是否只是作为一种形式，是否先天“营养不良”，是否作为权力运作的“遮羞布”。实现人的解放，要克服的恰恰是人权的狭隘性、自由的抽象化、平等的欺骗性，实现每个人的自由是其他人的自由的前提，实现真正意义上地过着类生活的人的平等。

☞当代回响

冠冕堂皇的自由主义话语到底有何问题？

有人说，我们所生活的时代是自由主义的时代，自由主义的若干话语被人们普遍接受，自由主义的理论设想都在得到印证，现代社会已经不能想象自由主义之外的理论和实践。

有学者甚至认为，自由主义的理念与原则正从中国文化的外部走向内部，从边缘走向核心，成为中国人社会想象的重要构成性部分。平等主义、个人主义与多元主义是当代中国社会的基本特征，而自由主义比其他思想更有可能同时满足平等主义、个人主义与多元主义的要求与限制，因而更有可能提出一种可欲与可行的中国现代性的规范论述。

对于以马克思主义为指导思想的中国来说，我们确实要迎接这个挑战。自由主义在中国最初仅仅作为学术研究对象，一度在经济学、政治学、哲学、法学、社会学、文学等多个领域发展，虽然在今天少了狂躁和喧嚣而变得平静，实际上已经成为颇有影响力的社会思潮，它从精英知识分子的学术话语，广泛深入影响到人们的思想观念乃至实际行动上。

认真看待当前中国自由主义思潮，需要提防自由主义学说名义下的意识形态贩卖，戳破自由主义的迷惑性和蛊惑性。

我们应该明白，追求自由、平等、多元不代表就是自由主义，要祛除谈个人自由就是自由主义，谈社会主义就不要个人自由的社会观念，马克思主义也追求自由，也追求平等，也追求多元。我们不能放弃对这些理念的阐释，要去争夺对自由的话语权、解释权、实践权。

我们需要避免走进一种话语误区，好像马克思主义所讲的一切都值得怀疑，而自由主义所讲的一切都真真切切，美好无比。充满诱惑性的话语会把人伤得更厉害，它远比一开始就够冷峻、够直白的话语带来得伤害更大。

马克思主义的话语表达确实比自由主义显得不太动听，因为它除了讲民主，还讲专政，除了讲公民，还讲阶级，除了讲自由，还将剥削等等。但对现实的国家有所认识的话，你就会明白，有任何一个国家只有民主没有专政，只有公民没有阶级，只有自由没有剥削吗？自由主义鼓吹自由、平等、博爱，它的实践真得就完全做到这些而就没有推行专政、等级、歧视的政策吗？

中国自由主义天真的地方在于，用西方的药来治中国的病。它认为追求个人自由是基本原则，需要制度保障，而最好的制度是西方民主宪政，因此中国必须走向以西方为模板的民主宪政道路。中国要深化改革，就得进一步市场化，抵制政府权力的干涉，西方所推行的宪政民主、新闻自由、公民社会必然是要实现的目标。

中国自由主义实际上缺少对中国问题的真正分析，不可能建构以中国问题为导向的、以符合中国国情的制度为依归的理论体系，不能提出解决中国问题的独到路径，只能沦落为西方自由主义话语的贩卖者和西方经济政治制度的辩护者。

当然，批判中国自由主义最有力的一招，就是加强制度的建构，切实把自由、民主、平等的理念转化为现实。为此，我们要抓住自由主义的软肋，它局限于追求政治上的自由权、公民权、平等权，而不知道物质生产领域的不自由、不公平，已经注定不可能带来实质意义上的自由和公平。

个人自由、社会公平得以实现的根本保障在生产领域，而不是市场的交换领域和政治领域。不能在政治上讲人人自由和平等，而在经济社会领域讲弱肉强食，讲谁有钱谁就是老大。

马克思主义无疑是自由主义的批判者，但不是盲目的批判者，它应该是治疗自由主义的良药。自由主义抓住了政治领域，马克思主义不仅要抓住政治领域，还要抓住生产领域，不仅要追求政治领域的自由和公平，还要追求经济社会领域的自由和公平。

从关注国家层面的公民、法治，再进一步关注生产领域的社会成员的真实处境，解决生产关系的公平，才是真正抓住了马克思主义的实质，也才能真正超越自由主义。

5

实现人的解放，归根结底是让人从私有财产的统治中走出来。

政治解放后的社会，人们面对的最主要的束缚不是国家权力，不是神圣宗教，而是一种新的事物的统治，这种事物就是私有财产，就是金钱。人没有摆脱宗教中的神，反而发展出更强大的世俗中的“神”，这种“神”对人来说更实在，它是人手的产物，却让人变成它的奴隶。

在私有财产和金钱的统治下，所有的东西都被贬低，理论、艺术、历史都被蔑视，只有金钱才是“崇高”。自然界变成可让渡的、可出售的、屈从于利己需要的、听人买卖的对象，甚至人自身也成为商品，男女关系成了买卖对象，妇女也被买卖。这正是现代社会的真实写照。

私有财产和金钱征服了一切，它最终也征服了高高在上的政治。马克思揭穿了一个事实，“虽然在观念上，政治凌驾于金钱势力之上，其实前者是后者的奴隶”。政治总是会拜倒在金钱的石榴裙之下，权力会被资本所操控，这是马克思对整个西方资本主义社会或者对以西方为模板的现代社会最精准的预判之一。

人们以为能够拯救权力的是法律，现代国家往往通过法治给政治权力运行设定好规则，让有权者公正处理公共事务，让人克服为了目的不择手段的贪婪欲望。法律被认为是凌驾于现代社会至上的外在的力量，能够拯救权力沦落的最后稻草。

马克思是不看好这样的法律的，他对法律有更高的要求，法律应体现人本身的意志和本质，内在于人与人的关系之中，而不是作为一种告诉人们什么可以做什么不可以做的外在的力量，因为如果是外在的力量，这样的法律就注定起不到效果，尤其是在私有财产和金钱的统治下。

事实却是如此，私有财产总会冲击法律，让法律名存实亡，或者让法律对贫困者管用，对有钱者无用。因为有钱者总能规避法律，总会找到规避法律的伎俩。法律实际上是无能为力的，因为法律实际上是私有财产的法律，是金钱的法律，它注定是维护少数人利益而不是多数人利益，注定是维护私人利益而不是维护社会利益的法律。

马克思对法治保持了必要的警醒。他并不是完全地相信法律，而是有所怀疑。法律本身不是目的，不是说完善了法律，人人都遵守这个法律，社会就是公平的。正如法律保护人的私有财产神圣不可侵犯，这是公平的，但一部分人没有机会获得财产或者要丧失掉自己的尊严、受到肉体的折磨才能获得

法治的真正难题在市民社会领域，法治的对手是权力，
是资本，是财产，它面对的强大力量就是权力和
资本的结盟，就是私有财产、金钱对权力的入侵。

法治的天敌

财产，这样的社会能算真正的公平吗？

法治的真正难题在市民社会领域，法治的对手是权力，是资本，是财产，它面对的强大的力量就是权力和资本的结盟，就是私有财产、金钱对权力的入侵。现代社会法治最根本的对手因此不是人治，而是“财”治、“钱”治，真正的法治要能克服私有财产的统治地位，要改变人被人手的产物所控制的状况，要使人摆脱自私自利、摆脱贪婪欲望，这是人的解放需要解决的根本问题。

☞当代回响

马克思主义敌视法律、批判法治吗？

关于马克思主义和法律关系的问题，一种似乎很流行的观点是，不存在马克思主义的法律理论，马克思根本没有在法律领域留下多少有价值的东西。

当代德国法哲学家阿图尔·考夫曼所说的话有一定代表性：马克思的法哲学理论确实没有留下什么，尽管马克思作为哲学家无疑将与世长存。

英国学者柯林斯也曾指出：马克思主义法律理

论的名声最差争议最多的方面，就是马克思主义者对法律表现出来的永久的敌视，所有马克思主义者发表的关于法律现象的评论是没有法律我们将生活得更好。

这当然是对马克思主义的极大歪曲，但为什么会被如此歪曲呢?

这与马克思对法律的基本态度不能说没有关系。马克思不是从强调法律对于人类社会秩序及其良善运行的重要性出发，致力于打造属于自己的一套成熟的、完善的法律理论、法律规范，而是去质疑法律本身的正当性和公平性，揭露法治本身的虚伪本质。

这很容易让人给马克思打上反对法律、否定法律的标签，认定马克思充当的是法律批判者的角色，而不是支持者的角色，是法律解构者的角色，而不是建构者的角色。

马克思主义法哲学还有被广泛提及的三个基本论断。其一，法律的经济基础论。法律作为上层建筑的一部分，它的形式、它的本质应该从其所植根的物质生活状况中加以解释；其二，法律的阶级工具论。法律代表着某些统治阶级的利益，是政治统治的手段和方式；其三，法律的历史终结论。法律不是永恒的现象，在未来的共产主义社会，它会同国家一样消亡。

这“三论”是不是对马克思主义法律思想正确解读，仍需要判断。但它确实已经被中西方法理学界所公认，并被教条化地引用。结果，法律的经济基础论变为经济决定论，法律的自主性功能被贬低；所有法律都从阶级统治工具的角度去理解，西方国家的法律规范一度被概括为资产阶级的而被抨击或舍弃；不顾社会发展背景，主张法律的消亡，使国家社会建设出现轻视法律规范完善、轻视法治建设的倾向，在很多人心中留下了马克思主义不讲法治的烙印。

马克思主义并不是敌视法律、批判法治，它批判的是在西方占据绝对主导地位的、以自由主义法哲学为代表的法律观念，即“法律拜物教”，相信通过制定、调整、完善法律就能破解人类社会所有问题、维系社会公平、秩序良善运行。马克思主义法哲学的独特性在于，它是一种关于法律拜物教批判的理论。

在法治文化不够浓厚、法律体系不够完善、法治程度不够先进的当代中国，着力宣讲法律重要性、致力于构建法律体系、坚实推进依法治国、让社会成员具备法制观念、遵守法律规范，必然是重要任务。但这并不等于说，强调法律拜物教批判，就不合时宜。

法律拜物教批判，不是要批判、否定、消解法律在现代社会中的作用，而是主张对法律规范的社会效应保持必要的质疑，矫正现代社会过于强调甚至盲目推崇法律的观念，重新思考人类社会良善运行的总体进路。对法律拜物教的批判是推进真正的法治国家必不可少的任务，能给我们带来若干启示：

强调法治国家，并不是说法治完善就是解决一切社会问题的灵丹妙药。把中国的一切问题归结为法治不完善，可能是一种推卸责任的做法。把一切问题的解决之道，归结为完善法治，可能是治标不治本的做法。现在就可以设想一下，有没有可能会出现法治完善的情况？到底什么样的情况才是法治完善的情况？即使真有了法治完善的情况，难道就不会出现政治腐败、贫富分化、社会失序、道德缺失等社会问题了吗？

政治上层建筑不可能脱离社会基础。法律制度的健全，要放在整个社会建设的整体中，只强调法律完善、加强法治，不强调经济、政治、文化等其他方面的推进，法治建设就不可能顺利进行，也可能起不到应有的作用。

解决当前中国社会的问题，不是能通过法治建设一个方面就能够实现的，必须完善经济、政治制度，改革经济、政治体制。制度、体制是根本，法律只是这个根本的一种要素。没有真正解决体制问题，制定出来的法律就不能真正地发挥功效。要打造一个理想的法治国家，就必须加强法治建设的外部运作环境建设，建立能够有效调整市场经济运行的经济体制，完善权力相互制衡的民主政治体制，为法治运行提供社会支持。

我国属于政府主导的、以法律移植为主的法律发展形态，更需要实质法治而不是形式法治。现阶段社会环境极其复杂，经济改革急促转型，社会快速发展但发展不平衡，经济、政治关系不断变化滋生出新的利益诉求，产生出多元的利益主体，冲击已有的利益格局。法律必然要对各种利益作出判断，给予肯定、默许或者拒绝、否定的明确表态，要代表哪种利益主体，如何处理利益主体的矛盾，保证

强调法治国家，并不是说法治完善就是解决一切社会问题的灵丹妙药。把中国的一切问题归结为法治不完善，可能是一种推卸责任的做法。
包治百病

灵丹妙药

稳定有序的利益格局，必然是立法者面临的重要难题。

法治国家建设，必须以社会的公平公正、社会的良善和谐为目标。不能理顺人们之间物质生活关系，不打破固化的利益格局，就不可能实现社会真正的公平公正。法治建设一定要保障更多的人共享改革开放的成果，如果还是少数人享有垄断的权力，形成特殊利益集团，获取越来越多的社会财富，那这样的法治建设，就注定不会成功。这样的法律规范，也注定会被淘汰。法律的公平，如果不想沦落为形式的公平，就必须保证社会大多数人获取财产的公平机会，就必须保证不是少数人在积聚财富而是大多数人同享财富。

而要打破现行的利益格局，理顺复杂的利益关系，还是得靠政治体制的改革。法治建设，要求政治权力先行一部，要求政治权力接受社会的监督，要求政治权力真正地服务于社会，而不是服务于少数人。做不到这一点，就谈不上法治国家、法治政府，也当然谈不上法治社会。事实证明，光靠呼吁政治权力的有法可依、依法行政，是不够的，只有将权力关进制度的笼子，设计好监督权力的机制，让法律的监督切实发挥功效，才是行得通的方案。

最后要说的是，法律只是人类社会良善运行的条件，不是充分必要条件。它可能只会带来一个循规蹈矩的人构成的循规蹈矩的社会，而不是活生生的道德生命体构成的有活力的社会。要打造这种有活力的良善的和谐社会，就必须挖掘、提倡其他的能够获得共识的社会规范和社会调控方式。

强调法律规范的功能，不能弱化其他规范的调控，尤其是道德的调控。在共同感叹中国道德滑坡现实之余，人们呼吁用法律来救赎道德，是必要的。但法律的调整不能挤走道德的空间，只有法律，打造不出有道德的人，也不可能打造出道德型社会。法律同样需要道德去救赎，只有法律、道德、其他社会调控和规范方式相互协调、有机结合，形成稳定的运行机制，才能真正发挥法律的内在功能。

6

什么是人的解放？如何才能完成人的解放？

马克思给了明确的概念，有三个层次：其一，“现实的个人”把“抽象的公民”复归于自身。人不再是两面人，不再是“二皮脸”，不再同时作为政治领域的公民与经济社会领域的私人，不再在公共领域、政治生活中道貌岸然，义正严辞，在私人领域极端自私自利。存在于每个人身上的公人与私人、公民与市民的矛盾将被消除，人成为真正意义上的人。

其二，人成为类存在物，过着类生活，人与人之间不存在互相剥夺、互相对抗，而是充满温情，在个人生活、劳动、个体关系中，他都能够与其他人一起，关心共同体，关心集体利益，并能够做到将个人的利益诉求与其他人的利益诉求、与共同体的利益诉求统一起来。人作为个体与其他个体以及共同体的矛盾将被消除。

其三，人的力量不再作为外在的力量，人手的产物（商品、货币、资本、财产）不再支配人，人脑的产物（宗教、神话）不再被人所膜拜，人的社会交往的产物（政治权力）不再统治、支配、压制人。人完全认识到并能够自由运用自己的力量，每个人的力量都是社会的力量，成为每个人都能分享到的力量。

这是人的解放的图景，它不是让一部分人解放，

真正的解放

而是让每个人获得解放，它不是让人仅在政治国家中获得解放，而是让人在一切领域中获得解放，它不是让人去统治支配自然万物，而是让人与自然、与自己的劳动产物实现有机的交融。它不是让人成为孤独的自由的个体，而是让人成为密切交往的、充满友爱精神的社会存在物。

这是马克思关于人的解放的设想，我们为人类解放事业而奋斗，但我们有没有将解放理解到如此高度呢？有没有真正理解何谓解放呢？到这里，你有没有恍然大悟的感觉，有没有被马克思所折服，相信答案不言自明。

结语　未竟的解放事业

解放事业已经完成了吗？到底什么才算是解放了？我们离完全解放还有多远？

任何解放都是使人的世界即各种关系回归于自身。这是作为哲学家的马克思给解放做出的最精辟总结。

人的世界即是人的各种关系，人与自然的关系、人与人的关系、人的肉体与心灵的关系，这些人的关系，共同构成人的世界。如果这些关系回归于人自身，就算是解放了。

问题就在于，人的各种关系是属于人的，人是主动者，但经济关系、政治关系、社会关系一旦定型，一旦生产出货币资本、国家权力、宗教神学，就会成为制约人的外在力量，它外在于人自身，成为人获得解放的“绊脚石”。

国家权力是人们政治关系的产物，货币资本是

一旦生产出货币资本、国家权力、宗教神学，就会成为制约人的外在力量，它外在于人自身，成为人获得解放的“绊脚石”。
宗教神学
国家权力
货币资本
解放号

解放绊脚石

人们经济关系的产物，宗教神学是人们社会关系的产物，它们本来都是服务于我们的，为什么反倒成为支配我们的力量，我们不能从它们这里获得自由？

我们自己的关系，不是由我们自己来决定，而是让我们不情愿地去做一些事情。当你总感觉有某种力量在推动着去做你不愿做的事情的时候，当你感觉到外在的世界总是阻碍我们自由行动的时候，你可能会更明白马克思说的是什么意思？

在《德意志意识形态》中，马克思、恩格斯类似地写过一段话：各个人过去和现在始终是从自己出发的。他们的关系是他们的现实生活过程的关系。为什么会发生这样的情况：他们的关系会相对于他们而独立？他们自己生命的力量会成为压倒他们的力量？

他们思考的问题正是，创造历史的现实的人为何会遭遇到如此困境，自己的关系、自己生命的力量会成为外在于人的“物”，人会被自己的力量，被自己的关系所压倒？

这个问题的解决，也就是国家权力、货币资本、宗教神学等人的关系的产物，成为人的内在的力量，不再是支配人、受人顶礼膜拜的对象，其实就是真正的完全的人的解放的实现。

就此而言，我们离马克思所说的人的解放还有很远的距离，还有相当长的路要走。我们得到了解放，但还没有完全完成解放，最多只能说完成了政治解放的部分内容，比如说国家权力被限制，尊重人的基本权利成为其根本的合法性源泉。

发展要遵循规律，政治发展也要遵循规律，从政治解放到人的解放就是规律。关注政治解放，有利于审视当代中国的政治实践，关注人的解放，则便利于预判未来政治发展的进程。

不能抽象地谈解放，必须认准解放的性质，解放属于哪一类，应该进行哪个阶段的解放任务。不能把政治解放与人的解放混为一谈。不能连政治解放都没有完成，就去空喊人的解放。也不能沉浸于政治解放，为政治解放的完成沾沾自喜，而不去思考如何走向人的解放。

应该说，解放是人类社会永恒的追求。人类社会的发展一定程度上说，就是一个不断追求解放的过程。我们还有很多值得奋斗的地方，路漫漫其修远兮，仍需上下而求索！

附录　《论犹太人问题》妙语选粹

1. 我们不把世俗问题化为神学问题。我们要把神学问题化为世俗问题。相当长的时期以来，人们一直用迷信来说明历史，而我们现在是用历史来说明迷信。

2. 当国家从国教中解放出来，就是说，当国家作为一个国家，不信奉任何宗教，确切地说，信奉作为国家的自身时，国家才以自己的形式，以自己本质所固有的方式，作为一个国家，从宗教中解放出来。摆脱了宗教的政治解放，不是彻头彻尾、没有矛盾地摆脱了宗教的解放，因为政治解放本身不是彻头彻尾、没有矛盾的人的解放方式。

3. 国家是人和人的自由之间的中介者。正像基督是中介者，人把自己的全部神性、自己的全部宗教束缚都加在他身上一样，国家也是中介者，人把自己的全部非神性、自己的全部人的自由寄托在它身上。

4. 在政治国家真正形成的地方，人不仅在思想中，在意识中，而且在现实中，在生活中，都过着双重的生活——天国的生活和尘世的生活。前一种是政治共同体中的生活，在这个共同体中，人把自己看做社会存在物；后一种是市民社会的生活，在这个社会中，人作为私人进行活动，把他人看做工具，把自己也降为工具，并成为异己力量的玩物。

5. 政治解放当然是一大进步；尽管它不是普遍的人的解放的最后形式，但在迄今为止的世界制度内，它是人的解放的最后形式。不言而喻，我们这里指的是现实的、实际的解放。

6. 人分为公人和私人，宗教从国家向市民社会的转移，这不是政治解放的一个阶段，这是它的完成；因此，政治解放并没有消除人的实际的宗教笃诚，也不力求消除这种宗教笃诚。

7. 任何一种所谓的人权都没有超出利己的人，没有超出作为市民社会成员的人，即没有超出封闭于自身、封闭于自己的私人利益和自己的私人任意行为、脱离共同体的个体。在这些权利中，人绝对不是类存在物，相反，类生活本身，即社会，显现为诸个体的外部框架，显现为他们原有的独立性的限制。把他们连接起来的唯一纽带是自然的必然性，是需要和私人利益，是对他们的财产和他们的利己的人身的保护。

8. 任何解放都是使人的世界即各种关系回归于人自身。

9. 政治解放一方面把人归结为市民社会的成员，归结为利己的、独立的个体，另一方面把人归结为公民，归结为法人。

10. 只有当现实的个人把抽象的公民复归于自身，并且作为个人，在自己的经验生活、自己的个体劳动、自己的个体关系中间，成为类存在物的时候，只有当人认识到自身“固有的力量”是社会力量，并把这种力量组织起来因而不再把社会力量以政治力量的形式同自身分离的时候，只有到了那个时候，人的解放才能完成。

11. 金钱贬低了人所崇奉的一切神，并把一切神都变成商品。金钱是一切事物的普遍的、独立自在的价值。因此它剥夺了整个世界——人的世界和自然界——固有的价值。金钱是人的劳动和人的存在的同人相异化的本质，这种异己的本质统治了人，而人则向它顶礼膜拜。

12. 在这个自私自利的世界，人的最高关系也是法定的关系，是人对法律的关系，这些法律之所以对人有效，并非因为它们是体现人本身的意志和本质的法律，而是因为它们起统治作用，因为违反它们就会受到惩罚。

——摘自《论犹太人问题》，载《马克思恩格斯文集》（第 1 卷），人民出版社 2009 年版，第 21—55 页。

后　记

政治是人类缔造的最需智慧的活动，只是很多人没有体会到这一点。

能够有机会思考政治问题，摸清政治发展的轨迹，确定我们时代在政治发展进程中的位置，成为透视未来政治进程的明白人，无疑是令人激奋的事情。

刚读《论犹太人问题》的时候，我就充满惊喜地做出过判断，它是当代政治理论和政治实践病理的诊断书，它有助于看清楚我们所生活的时代的问题，有助于判断我们这个社会应该努力的方向。

写这本小册子，我力求从它的当代性着手，着力用在回答四个问题上：如何完整把握什么是解放的问题？如何切实把握政治发展的规律？如何辩证审视自由主义的政治哲学？如何冷静观察法治实践的限度？

相信读完本小册子的读者，会找到答案。当然，如果你确实没有发现答案，你最好能再去多读几遍原著。我写的文字并没有达到我想要的那种完美，最多算差强人意了。

马克思的精深给我的写作带来很大的挑战，再加上繁忙的工作环境，让我好多次感觉到驾驭的无力感。如果说坚持就是胜利的话，我佩服自己做到了！

《论犹太人问题》值得读上百遍，待其义自现时，你会收获比我更多的思想财富。

陈培永

2015 年 10 月于北京西长安街 5 号